जिज्ञासा

EK SAMANJASYA

हेमराज सिंह

मेरे पूजनीय पिताजी श्री राजवीर सिंह जी ,मां
श्रीमती विजयलक्ष्मी जी को

बड़े भाई सुशील कुमार और छोटे भाई हेमेश
कुमार को समर्पित है।

क्रम-सूची

प्रस्तावना

यह कविताएं पूरी तरह मेरे द्वारा रचित हैं और संग्रहित की गई हैं ।

इसमें मैंने शब्दों को बुनकर एक सामान्य जीवन के साथ होने वाले कई जज्बातों को रखा है।

एक सामान्य शख्स वह अपनी ताउम्र जिंदगी के कई रंगों में रंगा जाता है ,वह कभी गिरता है तो कभी संभलता है ,

प्रेम करता है, अबसादित रहता है, हारता है ,जीतता है साथ ही इसके समानांतर में कई औरों के सुख दुख देखकर सुख या दुख महसूस करता है ।।

जैसा कि आप जानते हैं एक कविता कई जगहों पर कई जज्बातों को लेकर सटीक बैठती है बस

आपको गहनता से पढ़ना होता है||

भूमिका

मेरा नाम हेमराज सिंह है मैं मैं वनस्पति शास्त्र में स्नातकोत्तर हूं और भरतपुर राजस्थान में कस्बा कुम्हेर के गाँव दांदू पेंघोर का रहने वाला हूं।।
मेरी स्नातकोत्तर तक की पढ़ाई जयपुर से हुई है।।
वर्तमान में राजकीय विद्यालय कामां (भरतपुर)में प्रयोगशाला सहायक विज्ञान के पद पर कार्यरत हूं।। हालांकि में विज्ञान बैकग्राउंड से आता हूं परंतु बचपन से ही लिखने में रुचि रही है अगर दूसरी रुचि के बारे में बात करें तो मुझे घूमना पसंद है ,

मुझे वेब सीरीज और *movies* देखना पसंद है और यह संकलन मेरे दिन पर दिन जो मैं अपने आसपास के वातावरण में जो भी कुछ देखता हूं ,महसूस करता हूं ,उन देखते हुए विचारों को अपने कविताओं के रूप में उकेर पाऊं तो वही मेरा एक लक्ष्य रहा है।।

आशा करता हूं आपको मेरी लिखी हुई कविताएं पसंद आएंगी, अगर कोई लिखने में त्रुटि होती है तो मैं क्षमा प्रार्थी हूं।।
भविष्य में मैं एक मैं *mythological-fiction*

उपन्यास पर काम कर रहा हूं जो आपको आने वाले समय में देखने को मिलेगा ।।
आशा करता हूं, आपको कविताएँ अच्छी लगेंगी।।
धन्यवाद ।।

1. रनभुमि

छिन्न-भिन्न नर पशुमुंड, लाल रक्त रंजित भूमि की गोद में,

चीखते प्यासे ,दरिंदे नरभक्षी नभ में उमड़ रहे और मौतों की चाह में,

एक उच्चरित शंखनाद मात और विजय घोष के बीच में

एक पल कायर और शौर्य के बीच में ,

एक क्षण स्वतंत्रता और गुलामी के बीच में।।

आज प्रचंड प्रलय रक्त में असि की नोक को चमकायेगी, रुकेंगे पयोधि नरसंहार देखने ,

बारिश भी आँसू बनकर नीचे तब आएगी।।

इंद्रधनुष भी बनेगा साक्षी तब, रंग सतरंगी ना
होके लालिमा सी देखेगी ,।।

❧ ❧ ❧

तब कवि की कलम भी शब्दों के बाण चलाएगी ,

रणभूमि की दास्तान को स्वाधीन शहीद जवानों
में गुड़गान गायेगी,

वाह ! शहादत का सराबोर दृश्य मैंने देखा,

वीर योद्धाओं की हुँकारों से शत्रुओं के अश्व तक
का दिल दहला ,

पिपाशी खडगों को मांस चूमते मैंने देखा,

चीत्कार रोदन,असी-ढाल टक्करों ने रणभूमि में
मौत का तांडव मचा रखा है,

• 3 •

लगता है आज शायद रणभूमि रक्त की प्यासी है
।।

2. सोच

घनी भूतल मांद में पड़ रही किरन के जैसे पुलकित होती,
संस्कार के पालने में तेरे सहारे ही बड़ी होती ,
साहस का उद्गम हो मुझमें तो बर्फ में दबा गोला भी
चिंगारी चुम जाए ,
अमानवीय कृत्य संगत में हो तो विनाशकारी अंत को भी
ना झुँठलाऊ ।।

तू चाहे जब संभलू में, तू चाहे तब गिरू में ,
तू चाहे वैसी ही हूं मैं,
तुझ में ही रहती कहीं, अभ्यस्त हूं तेरी मैं,
मन तेरा वहे,वायु प्रवाह के साथ उस रथ की अश्व आत्मा
हूं मैं ,
अनंत रूपों का मेरे, तेरी अंतरात्मा से आगम निर्गम है
,आवश्यकता की जननी हूं मै

सुसभ्य उज्जवलित क्रांतिकारी परिवर्तन का पहला कदम हूं
मैं
तेरी सफलताओं असफलताओं का अहम मूर्त रूप हूं मैं,
तेरा विश्राम भले ही आवश्यक यथार्थ है मैं अथक अनवरत
चलती रहती ,,

तू सोये दामिनी की गोद में पलकों तले निंदियाँ दवाये,
दबे पांव आकर तुझे में सपनों के गांव ले जाऊं ॥

❧❧❧

पेड़ के जैसे अनवरत बढ़ती जाती ,
तेरी ही अभ्यस्त ,तेरी ही आदी में
कभी तेरे अनैतिक मन को धमकाती हूँ,
तो कभी दुर्लभ प्रयत्न कराती हूं ।।

❧❧❧

तेरा अस्तित्व तो कुछ नहीं है मेरे बिना
मैं तो तेरी ही संगत में पल बढ़ रही हूं ,
तेरा एक रूप, मेरे मरण जीवन तुझमें अनंत है ,
तू चाहे वैसा ही बनाए मुझे, अंत मेरा बस, तेरा अहम है
मैं तो तेरी ही अभ्यस्त हूं ,तू भी मेरा आदी है॥

3. दीन का दीपक

यह किसी दिन की कुटिया है ,
झोपड़ी के सरकंडो से रिसता हुआ पानी रुक जरा,
हौसलों को हिला दे, वह सर्द हवा रुक जरा,
कुछ तो रहम इन पर बरसा, तेरे अंश का हिस्सा ये ||

कितने मौसम दर-बदर कुटिया दस्तक लौटे ,
सुख एक दुख अनेक किस तराजू का तोल तेरा,
अनगिनत घावों से रिसता हुआ दर्द रुक जरा ,
ए खुदा कुछ तो रहमत दिखा इन पर ,
तेरा ही रूप फिर क्यों जुदा जुदा
चार पैसे दिन भर दौड़ धूप में कमाते हुए हैं अधमरा सा है
पिता,
डांट डपट दुनिया के तारों का सबब सी है ये माँ,
देवस्वरूप सा बच्चा कितनी बार लालसों से
तो कभी पला बढ़ा है मारपीट के सायों से,

कुदरत के माली, बगीचे के इस फूल के बागबान सा,
रुक जरा ,तेरी लीलाओं के खेलों सा ,

गम कभी तो अनंत अपार सुखों सा ,
कुछ दो चार और लौ दे मुझको ,
यह किसी दिन की कुटिया है ,
मैं जलना चाहूं जरा-जरा सदा -सदा ।।

❧❧❧

अनुभवों का है मेरे ऊपर साया ,दिन बीते साल बीते,
त्यौहार मनोहर बस अंधेरों का पर्याय है इनका जीवन ,
प्रेम पवित्र रूप अमर सा,दो कौर तू,दो कौर वो,
मां का पेट तो है भरा सा ,

❧❧❧

मेहनत में इनकी तुझे क्या कपट नजर आया
दुख तो छोड़ ,सुखों में भी इन्होंने तुझे ना बुलाया
तेरा अंश इस कुटिया में अंधेरे सा ,
मुझ में बीतता जा रहा तत्व सा,
रहम दिल खुदा मुझे तू जलना है ,
मेरा मन कहे, यह दिन की कुटिया है,
थोड़ा सा ही दूर कर जाऊं अंधेरों को जाते जाते ,
मुझे नहीं तो देर सवेर ,यहां किसी और दीप को जलना है
।।

4. अंतिम आसक्ति

मोहे तेरी ही आसक्ति है ,
अब कि तू होले से आए,
काहे की देर भली अब कि तू क्यों सताए ,
मोहे निदियाँ अब की बार तू ही अपनी गोद में सुलाएं,

यही बस मुझे चाह है,अब कि बार तू होले से आए,
व्याघ्र मन की पीड़ा को आकर शांत कराए,
उत्सुक हूँ ,में तुझे पाकर खुद को मुक्त करने को
कि अब कि बहलावा मुझे तेरी ही पुकार कराये,

मोहे आसक्ति है ,कहीं जिंदगी का तूफान आड़े ना आए,
कि अबकी बार नैया कूल तक तू ही पहुंचाएं

जिंदगी जिया ना मैं, जैसे सोचा था ,
मैंने तो बस दुख भरे पलों के बीच सुख खोजा था,
शायद गर्दिश में सितारे मेरे बुलंद थे नहीं,
शायद मेरी गूँज के साये तुझ तक पैगाम ना पहुँचा पाये,
अब तो मुझे चाह है परमात्मा के मिलन की, कि इस बैरन
आत्मा को गृहीत करने की,
मोहे आसक्ति है आध्यात्म कि ,अबकी बार एकाकीपन तू
ही दिलाये
मोहे निदियाँ अबकी बार तू ही अपनी गोद में सुलाये||

5. मौक-बेमौके

स्वार्थ, क्रोध ,लालच, भ्रष्ट कर्मों के कंबल में छुपा में मौके
बेमौके
मन के अंधेरे गड्ढों में मेरे कई गुमनाम है मौके बेमौके
कई अधरों पर बिखेर कर हंसी हरे दुख, हुआ देव स्वरूप
में मौके बेमौके,
कई राहों पर किये कर्म संगीन ,हुआ अदम दैत्य सा मैं
मौके बेमौके ।।

सोचा कई बार नीर स्वच्छ झरने सा बहुँ में मौके बेमौके,
असफलताओं के अवसाद गिरकर आए ,
मेघो से ,मैं भीगा अपने ही आंसुओं में मौके बेमौके,
लालसाओं मायामोह का रूपों में बसा दिल हारा मैं मौके
बेमौके,
गली-गलियारों शहर गांव में बदनाम मेरा दिल ,
होके तन्हा में रोया मौके बेमौके ।।

अनगिनत कई कठोर निर्णय पलों में डटकर खड़ा रहा मैं
मौके बेमौके

अब मंजिल जब इतने पास है ,पथों पर छाये हैं अंधियारे से ,

दो कदमो और इज़्ज़त से चलना चाहता हूं, डगमगा रहे हैं कदम मौके बेमौके

6. मैं आदी हूँ

जिस दर्द की राह पर चलकर आया हूं मैं,
अनछुए कर्कश अप्रत्याशित एहसास जो जी के आया हूं मैं
हवा के साथ मिलकर कई औरों को भी रूसवार करता हुआ
जाए
तुम देखती रहना , इंतजार करना मेरे दर्द का एहसास
तुमसे दवा मांगने आएगा ।।

मेरा अक्स मुझे भरमाएगा ,आजमायेगा, और पूछेगा उस
और कितना और तू जाएगा,
कहेगा कि बेवजह हार से मुखातिब दर्द और तुझे
तड़पाएगा,
रुककर ,ठहर कर एक बार पीछे भी देखना तुझे क्या
तड़पायेगा,
तू देखते रहना एक और मनुष्य माया जाल में फंसता हुआ
चला जाएगा ।।

हर कदम तुझ तक पहुंचने का मेरा अमर इतिहास
कहलाएगा,

तू तो है इतनी हसीन कि ये दर्द असफलताएं अशांति भी,
मेरा असीम प्रेरक ,तुझे पाने का बन जाएगा
तू बस देखते रहना ,एक और मनुष्य खड़ा होकर वापस
तुझे अपनाएगा ।।

7. सैनिक की रात

किस ओर से छोर है इस जंग का दो पल दो पहर
दो हफ्ते 2 महीने 2 साल कितना और,
पीछे मुड़ते हुए कई रूप हैं मेरे जो निभाए हैं या
बाकी हैं अभी,
एक माँ इस छोर पर है, तो दूसरी और वो जन्म
दायिनी है,
सीधी तिरछी आड़ी खड़ी बारिश में मुझे मां जैसी
परवाह नजर आती है ।।

हर रात जाता है, सब कुछ थमता हुआ ,मुझसे
छिनता हुआ,
रात की शांति भी बीभत्स है ,बिछोना भी तो घास
का झुरमुट सा है,
पर वह तेरी गोद का मार्मिक अंश सा तो कहीं

नहीं,
आंसू भी तो निकल से रहे हैं ,दर्द भी तो चीखों में
है ,तो कभी सपनों में उमड़ पड़ा है ,
पर तेरी मुझे सुलाती हुए पुत्र प्रेम की हँसी अधरों
पर आए ,
ऐसा तो कहीं नहीं ,

❧❧❧

कई सायों का अंधेरा ,कई हत्याओं का लिबाज ,कैसे
मैं सो पाऊँ
हर रोज सायबेला तुझसे कई कदम पीछे चला
जाऊंगा,
सोच रहा हूं मैं कैसे घर आ पाऊंगा ?
भले ही घर नहीं , फिर भी तो कुछ कर जैसा है ,
कई अनगिनत सुकून की नींदों में कहीं ना कहीं
हमारा बसेरा है ,
सोचते-सोचते एक और रात खत्म हो जाएगी

8. मेरी मा

बीते दिनों की कई सुंदर व्यथाएँ ,जो तेरे आंसुओं
में बह निकली

उन मोतियों को पिरोकर नवजीवन का सूत्रपात
करूंगा, ममतामयी महात्मा मेरी मां ,

तेरा जिक्र तो मैं भगवान से पहले करूंगा ,

तेरे प्रकाश स्तंभ के दामन में मेरा जीवन जो
उज्जवल है,

सुषुप्त प्रतिभा को तूने संस्कारों की उंगली का
सहारा दिया,

तो कभी हथेलियों से पकड़कर तेरे दामन का सुख मिला,

उन हथेलियों की रंगों में रौनक का रक्त प्रवाह करूंगा मैं,

सहस्त्र रूपी अनंत रूपी धारित माँ ,

तेरे हर रूप का एहसास में ख़ुदा के वरदान से पहले करूंगा ,

❦❦❦

सुख-दुख उन्नति अवनति में तत्सम रूप तेरे हैं,

शब्दों की गूंज का स्पर्श जो नभ से है ,उनकी डोर हाथ में तेरे है ,

तेरी महिमा का बखान मैं किन शब्दों की आड़ में करूँगा,

जियूँगा मरूँगा, जब तक तेरे अंश से निर्माण खुद का करूंगा ,

❧❧❧

मुझे सुलाते हुए खत्म हुयी अनगिनत रजनी की प्रबल मनमोहक शांति का तकिया बनूंगा मैं ,

मुझे हंसाती हुई ठुकराई गई तेरी कई खुशियों का नींवनिर्माण करूंगा मैं ,

तेरे हर घाव का मरहम बनूंगा मैं ,

मैं खड़ा हो गया हूं अपने पैरों पर, तेरे बुढ़ापे की लाठी बनूंगा मैं

9. भारतवर्ष को नमन

उपल कुछि में अंकुरित उत्पल नवजीवन को मेरा नमन,
उदारता, मानवता ,सौहार्द प्रिय अहिंसक प्रेम की फूलों की
वृद्धित वलियों को मेरा नमन ,
धार पवन संग मिल पहुंचाई नौका किनारे पर ,उस लहर
को मेरा नमन ,
दबिश आतंक बड़ा जब जोरों से आवाज की आगाज बनकर
उभर कर आई उस कलम को मेरा नमन ,
समाज के सरहदों को तोड़कर ,सफलताओं के परचम
लहराने वाली स्त्री शक्ति को नमन ,
प्राकृतिक आपदाएं झेलते हुए भी धरती मां की गोद से
लहराते फसलें देने वाले कृषक को मेरा नमन ,
कई पवित्र धर्मों को अपनाकर बना नवनिर्मित पंथनिरपेक्ष
भारतवर्ष को मेरा नमन ।

10. चल संभलकर रही

वह मीलों दूर मेरा किनारा है ,
हवा का रुख कर अनजाना है ,
पंत पथरीला बहुत है, कितनी दूर जाना है,
चलते हुई इतने कदम इतना ही पहचाना है ,
वो ही मेरा प्राण वो ही अंतिम ठिकाना है,
टूट ना जाए सांसो की कड़ी बस चलते जाना है ।।

समझाना ना खुद को तन्हा तेरा वो हमदम है,
हर कदम रख सजग,संभल, धैर्यपूर्ण, निडर होकर,
आखिर में तेरे मन ने यही पथ पहचाना है ,
कई पंथ होंगे सहज सरल लुभावने,
तुझे मंजिल भी करीब नजर आएगी ,
तू खुद ही मनन करना,
क्या वो सच में तुझे तेरी मंजिल तक पहुंचाएगी ।।

11. मेरी वफाएं

मेरी वफाओं पर एतबार उनको कम न था,
गुजरा मौसम था जो गुस्ताखियों का वो अरसा कुछ लंबा
था,
मुझे भूल जाने का उनका जज्बा कम ना था,
अब तमाम सिफारिशों का फरमानी बादल धुआँ- सा हुआ,
उनकी अंजुमन में हमारी आबरू का आफताब कम ना था ,
अब अतुल अतरंग कोमल हृदय में उनकी में दर्द भरा
अफसाना सा हुआ,
उनका प्रेम पंक में कमल सा खिल गया ,
अंधियारी रजनी में भर उजाला मेरी ,वह नूर जैसे चांद से
दूर हुआ ,
अभी आस है उनके आने की ,ये घाव ना भरे,
कभी निकले गली से जब उनकी ,लगा जैसे अभी हरा हुआ

12. सृष्टि का आगाज

अश्कों की धार से धरा की धारिता धराशाई हो गई,
आज हुआ ऐसा क्या जिससे धरा भी रोने के लिए राजी हो
गई,
क्यों आज यह नभचर चहचहाते नहीं है ,
पवन रुख के समक्ष शाखाएं आज इठलाती क्यों नहीं है।।

क्यों आज वीरान हुई है धरा,ऐसी क्या वीरानी धरे हुए धरा
,
आज हुआ ऐसा क्या जिससे धरा भी रोने को राजी हो गई,
तू तो सोख लेती थी मेरे मोतियों को आज तो खुद ही नम
है ,
धरती माता अवतरित होकर युवा लेखक को अपनी उदासी
का कारण कुछ इस तरह बताती है

आशियाने की तलाश में मेरे पुत्रों ने ही मेरे शरीर को
खंडित कर दिया
मर गई है मानवता इस कदर कि मेरे हरे-भरे आंगन को
भी उन्होंने उजाड़ दिया ,

एक तरफ भूख बेरोजगारी अकाल का रोदन मुझे कराने को
कहता है ,
तो कहीं भ्रष्टाचारिता बेईमानी का नंगा नाच मुझे काली मां
बनने को कहता है
इन काले धुओं, बढ़ती हुई आवाजों से मेरा भी दम घुटने
लगा है
आज हुआ है यह सब जिससे मैं रोने के लिए राजी हो गई
।।

❧❧❧

रोक इसे तू युवा नहीं तो मैं अपना दुर्दुम रूप दिखाउंगी
दर्द ही दर्द को पार कर जाएगा ,
ऐसी दुख भरी दास्तान का इतिहास बनाऊंगी,
भूकंप, जलजला ,अनवरत भयावह हथकंडे अपना आऊंगी
कुछ तो कर तू युवा नहीं तो मैं अपना उग्र रूप
दिखाऊंगी।।

13. क्रांतिकारी

सहमा संकुचित मन जब उसका रोया होगा,नपी तुली
चारदीवारी पर आजादी का मंजर देख कर वह शायद उस
रात सोया होगा,
जानकर पुत्र के अंत का दिन कैसे उस मां का हृदय
जीवित रहा होगा,
चली आ रही मौत से सूखे कंठों में अंतिम शब्दों में क्या
उसने कहा होगा,जा भले ही लेकर रूह मेरी , मन मेरा
अनंत तक स्वतंत्रता की सोंधी महक के साथ सुरक्षित
होगा||

होगी शांति, सौहार्दता,संपदा का हक हर किसी का होगा ,
भले ही ना मिल सकी मुझे खुशी गुलामी से मुक्त होने की
,
तुम्हें स्वतंत्रता को मेरे लिए हंसकर खुशी से लगाना होगा,
मैं जकड़ा हुआ हूं तुम्हें भी यह गम याद रखना होगा ,
जियो तुम सब भारत मां की चरणों में,
कुर्बानी समझ कर मुझे मरना होगा, आज मुझे मरना होगा
||

14. दुनिया का दस्तूर

गिरते हुए परिंदो का दर्द समझ सकता हूं,
कायल तो नहीं किसी का, पर अजीज मेहनत का
मर्म समझ सकता हूं
कर भला तो हो भला का यथार्थ समझ नहीं पाता
हूँ,
दर्द देता है तू अनगिनत उसमें तेरे अस्तित्व का
अंश ढूंढ नहीं पाता हूं

तर्क वितर्कों के संसार में गमगीन से आशाओं के
हो जैसे पुलिन्दे,
जीवात्मा के सायों के बिना हों प्रस्तरों के से बस
घरोंदे,
थामता हू जमीर तो विलासिताओं को खो देता हूं ,
है नहीं कोई अपना तभी तो खुद को मोह लेता हूं
,
तुम समझो नागवार खुदगर्ज भले ही कितना मुझे,
मैं बस इसी को दुनिया का दस्तूर समझ लेता हूं-2

15. जिंदगी का नया पड़ाव

जिंदगी आज एक हंसी है या खिलती हुई गुलाब की नई
कली ,
क्यों आज हवा है सौंधी भीनी सी या एक दुर्लभ सी महक
साथ है इसके बह चली ,
खिल रहे हैं आज अनगिनत फूल क्यारियों में या मिट रहे
हैं मेरे दुख अंधकार के ,
ना है आज कोई कोलाहल ,ना ही झींगुर की कर्कश नाद
डराती है मुझे
यां पूछ रही है मेरी ब्रहम आत्मा क्या है सुमार्ग तुझ तक
पहुंचने का ,
आज क्यों है रजनीकर लालिमा है मुझ पर बिखेर रहा या
है कोई बागवान जैसे फूल पर पानी उड़ेल रहा ,
आज क्यों वो नभ है बदन पर सितारे लपेटे हुए या हैं कई
अक्स जैसे नवनीत साये को लेकर खड़े हुए,
बांधा है आशा ने जिंदगी से आज एक नया जुड़ाव यां है
कोई मनमोहक रुचिकर आंखों में बसा ख्वाब,
क्यूँ आज मस्तिक है कई मुश्किलों का हल निकाल रहा ,
यां है कोई हिंसक योद्धा रणभूमि में निर्मित दहाड़ रहा,
शायद जिंदगी आज एक पतित पावन झरना बन बह चली
॥

16. तेरे होने पर

जीने की चाह जो थोड़ी सी और होती मौत से भी बेहतर
कोई हस्ती और होती ,
पूछता रहा हूं मैं यू तो कभी-कभी कि तुम्हारी हंसी से
बढ़कर भी कोई और खुशी होती ,
पल और भी थे खूबसूरत यूँ तो जिंदगी में,
पर एक डोर जो तुमसे जुड़ी थी वो सुलझ गई होती,
मैं समझा जिसे बोझ वो कभी लहलहाती फसलों की रौनक
बन गई होती ,
तुझे तो हमारी खुशी का एक पल रास ना आया,
ढूंढते रहे तुझे पर इस दुखी सागर का कोई छोर नजर ना
आया ,
राहें और भी लुभावनी होती अगर तू जो साथ होती ,
तेरे दूर रहने का तसव्वुर भी बड़ा गहरा था ,
होके तन्हा मेरा जमीर भी बड़ा सहमा था,
यादों के झरोखे में महका लेते जिंदगी अगर तू जो साथ
होती ,
ना दिन होता ना रात होती बस तेरी ही बात होती
कि काश तुम्हारे हमारी महफिल में लौट आने की आश
भर होती

17. मैं सोचता हूँ

कहता हूं मैं गौर से सुनता नहीं, सुनता हूं मैं पर डूबता
नहीं ,

डूबता हूं बस चंद ख्वाबों में ,

जो सच होंगे कभी ,जैसे कह रहे हो अभी मुझसे ये

किताबों का सिरहाना सा सुंदर सा ठिकाना हो कहीं,

कलरब से सवेरा हो ,सपने सजोता रहूं मैं कलम से,

फिर बुनकर में रंग भरूं इनमें यूँ ,

स्वार्थी बन जाऊं मैं नाता तोड़कर ,

जग से खत्म करूं दोस्ती दुश्मनी मुझे इनकी परवाह क्यों,

मैं तो दूर जाऊंगा कहीं अकेला एकांत सा यूँ,

बैठकर कहीं नदी किनारे बजाऊं सितार हवाओं के संग,

यूं ही सोचते मैं बड़ा हो जाऊंगा ,तू क्यों मैं जिंदगी तुम्हारे
पीछे आऊंगा,

मैं तो सोचता हूं ,घटाओं का सहारा लेकर रंग फेंक दूं नभ
में कहीं,

तो कभी परिंदों के जैसे विचरण करूं फलक तक कहीं,

मैं तो जाऊं वहां, ना जाने कोई मुझे ,

तब ना कोई गिला हो ना हो कोई शिकवा मुझे,

मैं तो रहूंगा एकांत में, क्योंकि आया भी तो हूं अकेला मैं

18. वो गली

तेरी आंखों के चिलमन में,
चांद तले उस सुनसान गली में ,
खड़ा रहा दिल मेरा एहसास तले महफ़िल में,

छुपाए रखा था जिसे,
अब वह है वहीं कहीं ,
दबाए रखा अरमानों की बंदिश तले जिन जज्बातों को, अब
जैसे आजाद हो गए हो फरिश्ते जैसे ,

कैसी कशिश है तेरी आंखों में,
मेरी नजर है अब तक उस गली में ,
आस लगाए एकटक तेरे आने की आस है ,
कई दिन गुजरे पर कमबख्त तू ना आए ,

लगा जैसे परछाई छूट गई मेरे साये की ,
दिल को तसल्ली दी मैंने समझाया कई बार,
पर वो ना मानता था जैसे अजनबी हूं मैं अब उसके लिए,
कहता कभी तुम थे मेरे ,
कभी मैं तुम्हें जानता था ,

सोचा ठोकर खाएगा तो वापस आएगा ,

हार कर जब मैं गया उसे सहारा देने ,

यह खबर आग माफिक फैली गली -गली ,
तू आए तो जैसे ,सांसो में जीवन की महक फैली ।।

19. प्रेम एक अजीब वाक्या

प्रेम एक अजीब वाक्या

जीवन को कादंबरी का रस पिलाये कभी ,

तो कभी हलाहल सा कंठ सोख कर प्राण हर कर जाए ,

प्रेम भी अजीब वाक्या है ,

किसी को शलभ तो किसी को समां नजर आए ,

आपण नहीं इसके प्रकार विविध हैं,कभी अपकार तो कभी

उपकार हो जाए,

तो कभी पांशु सा करतल से फिसलता जाए ,

कभी प्रस्तर सा तो कभी प्रांजल बन जाये,

प्रेम भी अजीब ब्यौरा है पावन इसे इसका परिचारक ही

करवाये ,

दिव्य आंचल में ये नत कभी तो, निशा का नशा बन जाए,

घना हो तो कुंज सा ,विरल हो तो हवा प्रवाह बनाए,

प्रेम भी अजीब वाक्य है समझो तो मोक्ष निभाओ तो

भगवान नजर आए

20. महामारी

क्या यही है अंत तेरे क्रोध का,
प्रज्वलित रुण्ठित कंठों का रोदन घोर सा,
पतित लहू सी बह रही अश्रु धार सा ,
क्या यही है मील मोक्ष मेरे घुटीत स्वास का ,चहुँ
और देखूं डंका है तेरे निर्दयी श्राप का,
चिल चिल कर छिन रहा सब, ना दिख रहा कोई
आधार सा,

भरा हो तूने सुकार्य का चाहे भरा हो घड़ा पाप का,
राख होंगे सब रक्त रंजित ,मिलेगा धरा में सब का अहंकार सा,
ना दिया मूल्य जीवन को ,ना सरंक्षण अमुक जान का दूषित विचार के साथ चीर हरण किया है हम सब ने सृष्टि के प्राण का ,
अंत कथित था, इंतजार था तो बस तेरे प्रहार का ,
पतित निकृष्टता , विलासिता ही है मूल मेरे संहार का,||